Genussmomente

BACKEN MIT KIDS

Weihnachten

EMF

EIN BUCH DER
EDITION MICHAEL FISCHER

INHALTS-VERZEICHNIS

GRUNDLAGEN

LASST UNS ZUSAMMEN BACKEN!

Geringer Aufwand, großes Backvergnügen und am Ende noch größerer Schmause-Spaß!

Aus wenigen einfachen Zutaten werdet ihr köstliche Kuchen, Kekse, Plätzchen und vieles mehr zaubern. Für jeden Geschmack ist hier etwas dabei.

Habt ihr euch ein Rezept ausgesucht? Dann lest die Anweisungen genau durch und stellt alles griffbereit, was ihr braucht. Bindet euch, wenn ihr wollt, eine Schürze um, wascht eure Hände – und legt los!

Aber bevor es wirklich an die Rührschüssel geht, hier noch ein paar wichtige Grundlagen:

EIER

Beim Backen verwendet ihr am besten Eier der Größe M. Diese Angabe findet ihr auf dem Karton. Gebt die Eier nie alle auf einmal, sondern nacheinander in den Teig und verschlagt sie zwischendurch sorgfältig. Dadurch wird euer Teig später richtig schön aufgehen.

MEHL

Beim Mehl verwendet ihr am besten das klassische Weizenmehl Type 405. Etwas aufpassen müsst ihr mit Vollkornmehl: Es macht den Teig oft schwer und eignet sich daher nicht so gut.

ZIMMERTEMPERATUR

Zutaten sollten immer Zimmertemperatur haben, es sei denn, es steht etwas anderes im Rezept. Zimmertemperatur heißt: Nehmt Eier, Butter und Co. nicht direkt vor dem Backen aus dem Kühlschrank, sondern lasst sie vor der Verwendung noch ein wenig in der Küche stehen.

BACKFORMEN

Damit Kuchen und Co. nicht anbrennen, müsst ihr die Backformen sehr gut einfetten und womöglich mit Grieß einstäuben. Nur wenn ihr Silikonformen verwendet, ist das nicht nötig. Backt ihr mit größeren Formen, sollten diese einen verstärkten Rand haben, damit sie beim Befüllen nicht umkippen.

STÄBCHENPROBE

Merkt euch das Wort „Stäbchenprobe", denn es wird euch noch öfter begegnen! Stäbchenprobe bedeutet, dass ihr kurz vor dem Ende der Backzeit mit einem Holzstäbchen in den Teig stecht. Bleibt es beim Herausziehen sauber, ohne Teigreste, ist der Kuchen gar.

OBER- UND UNTERHITZE

Backt mit Ober- und Unterhitze auf der mittleren Schiene, wenn nicht anders angegeben. Und vergesst das rechtzeitige Vorheizen nicht. Aber noch wichtiger: Bei allem, was mit dem Ofen zu tun hat, bittet immer Erwachsene um Hilfe!

AUSKÜHLEN

Wenn ein Kuchen duftend aus dem Ofen kommt, würde man ihn am liebsten gleich von allen Seiten bewundern. Aber aufgepasst: Den meisten Kuchen tut es gut, wenn sie vor dem Auskühlen auf dem Kuchengitter noch einige Minuten in der Form ruhen können.

KÜCHENHELFER

SPRITZBEUTEL UND TÜLLEN

Wenn ihr Kuchen, Torten und Muffins gerne schön verziert, sind Spritzbeutel und Tüllen genau das Richtige für euch. Sie helfen euch bei Tupfern, Linien und Buchstaben aus Sahne, aber auch beim flächigen Auftragen von Schokolade oder Creme. Zur Grundausstattung gehören eine runde Tülle und eine Sterntülle.

BACKFORMEN

Für die meisten Klassiker reichen eine gute Springform und Backbleche schon aus. Bei einigen Rezepten braucht ihr speziellere Formen. Wenn ihr diese nicht besitzt, könnt ihr das Rezept meist auch in einer klassischen Kuchenform backen.

NUDELHOLZ

Egal, ob ihr Mürbeteig, Hefeteig oder Plätzchenteig zubereitet: Ohne ein Nudelholz geht gar nichts! Nudelhölzer gibt es in vielen Variationen und aus Materialien wie Kunststoff oder Metall, jedoch empfiehlt sich das klassische aus Holz, da es sehr gut zum Teigausrollen geeignet ist.

NOCH MEHR KÜCHENHELFER

Backen ist eine genaue Angelegenheit! Es ist also sehr wichtig, dass ihr die Angaben im Rezept exakt befolgt. Benutzt deswegen zum Wiegen und Abmessen einen Messbecher und eine Küchenwaage. Zahnstocher oder Schaschlik-Stäbchen sind wunderbare Helfer bei der Stäbchenprobe. In einigen Situationen kann ein Backpinsel sehr hilfreich sein. Für das Plätzchenbacken braucht ihr natürlich unterschiedliche Keksausstecher, und selbstverständlich solltet ihr immer genügend Backpapier zur Hand haben.

TIPPS UND TRICKS

1. Backt Teige mit Backpulver am besten immer sofort. Wenn der Teig zu lange steht, verliert er an Backkraft.

2. Auch Biskuitteig sollte immer sofort in den Ofen. Die Luft, die durch das Aufschlagen der Eier eingearbeitet wurde, entweicht sonst wieder.

3. Wenn Eiweiß steif werden soll, muss die Schüssel fettfrei sein. Es darf außerdem kein Eigelb mit in die Schüssel kommen, sonst gelingt es nicht.

4. Wenn ihr für einen Kuchenboden Mürbeteig verwendet, stecht vor dem Backen mit einer Gabel mehrmals in den Teig, damit sich keine Blasen bilden.

5. Knetet Mürbeteig immer so lange, bis er schön geschmeidig ist. Wickelt ihn dann in Klarsichtfolie und legt ihn mindestens 30 Minuten in den Kühlschrank. Dann klebt er beim Ausrollen später weniger.

6. Damit ihr den Kuchen leichter von der Springform auf die Kuchenplatte bekommt, legt den Ring der Springform nochmals leicht um den Kuchen und schiebt ihn dann auf die Platte.

7. Wenn ihr viel Sahne steif schlagt, teilt sie auf mindestens 2 Portionen auf. So wird alles richtig fest – und ihr erspart euch langes Rühren.

8. Wenn in einem Rezept gemahlene Nüsse angegeben sind, mahlt am besten Nüsse selbst (z. B. mit der Küchenmaschine), anstatt sie gemahlen zu kaufen. Dadurch wird der Geschmack intensiver.

9. Wenn ihr Eiweiß steif schlagen wollt, gebt immer noch 1 Prise Salz dazu. Dadurch wird der Eischnee fester.

10. Wollt ihr klebrigen Teig formen oder in eine Form drücken, könnt ihr dafür einfache Einweghandschuhe nutzen. So bleiben eure Hände sauber.

11. Backt ihr mehrere Kuchen gleichzeitig, stellt den Ofen auf Umluft und reduziert die Temperatur um 20 °C. So bekommen alle Kuchen Hitze ab.

12. Damit der Schokoladenguss am Schluss schön glänzt, muss man ihn vorher temperieren. Das geht einfach, wenn ihr ein wenig Kokosfett oder Öl einrührt.

REZEPTE

HASELNUSS-MAKRONEN

mit Vanillezucker

FÜR 50 STÜCK

- 3 Eiweiß
- 150 g Zucker
- 1 Pck. Vanillezucker (alternativ 1 TL Vanillearoma)
- 250 g gemahlene Haselnusskerne
- 50 ganze Haselnusskerne

SO GEHT'S

1 Heizt den Backofen auf 150 °C (Umluft) vor und legt zwei Backbleche mit Backpapier aus.

2 Schlagt die Eiweiße mit dem Handrührgerät sehr steif und lasst dabei den Zucker und den Vanillezucker einrieseln. Zieht dann die gemahlenen Haselnüsse unter die Masse.

3 Setzt mit einem Teelöffel walnussgroße Teighäufchen auf die Backbleche und drückt in die Mitte jeweils einen ganzen Haselnusskern. Backt die Makronen anschließend in 20 Minuten goldbraun.

MACH MIT!

So hat jeder etwas zu tun: Einer kümmert sich um die Teighäufchen, der Andere um die Haselnüsse!

VANILLEKIPFERL

FÜR 30 STÜCK

- 210 g kalte Butter
- 70 g Zucker
- 100 g gemahlene Mandeln
- 280 g Mehl
- 100 g Vanillezucker

SO GEHT'S

1 Schneidet die Butter in Stückchen und gebt sie in eine Schüssel. Gebt den Zucker hinzu und schlagt beides mit dem Handrührgerät schaumig.

2 Mischt die Mandeln und das Mehl und rührt sie unter die Butter-Zucker-Masse. Wickelt den Teig in Frischhaltefolie und stellt ihn 1 Stunde kühl.

3 Heizt den Backofen auf 170 °C (Umluft) vor und legt ein Blech mit Backpapier aus. Formt den Teig zwischen Frischhaltefolie zu einer fingerdicken Rolle und schneidet davon 30 walnussgroße Stücke ab. Formt diese zu Kipferln und legt sie mit etwas Abstand auf das Backblech. Backt sie im Ofen in 15 Minuten goldbraun.

4 Gebt den Vanillezucker in eine flache Schale. Wendet die warmen Kipferl vorsichtig darin und lasst sie dann auf einem Kuchengitter trocken und fest werden.

MACH MIT!

Rollen und biegen: Hier könnt ihr tolle Kipferl formen!

BÄRENTATZEN
mit Schokolade

FÜR 50 STÜCK

- 250 g Butter
- 150 g Zucker
- 4 Eier
- 300 g Mehl
- 1 Pck. Backpulver
- 50 ml Milch
- 200 g Zartbitterschokolade

SO GEHT'S

1 Heizt den Backofen auf 200 °C (Ober-/Unterhitze) vor und legt zwei Backbleche mit Backpapier aus.

2 Gebt die Butter und den Zucker in eine Schüssel und schlagt sie mit dem Handrührgerät schaumig. Gebt die Eier einzeln dazu und rührt sie jeweils 1 Minute unter. Schlagt die Masse so lange weiter, bis sie aufhellt und das Volumen zunimmt.

3 Mischt das Mehl mit Backpulver und rührt es unter die Eiermasse. Gebt die Milch dazu und rührt sie unter.

4 Füllt den Rührteig in einen Spritzbeutel mit mittelgroßer runder Tülle und spritzt Streifen von 4 cm Länge auf die Backbleche auf. Backt die Kekse in 10 Minuten hellgelb und lasst sie dann auf einem Kuchengitter etwas abkühlen.

5 Zerkleinert inzwischen grob die Schokolade und schmelzt sie in einer Schüssel über einem Wasserbad.

6 Taucht die Enden der Kekse in die flüssige Schokolade. Lasst sie dann auf einem Kuchengitter abtropfen und fest werden.

MACH MIT!

Helft mit beim Tunken der Tatzen!

WEIHNACHTS-STERNE

mit Aprikosenkonfitüre

FÜR 12 STÜCK

- 200 g Butter
- 150 g Zucker
- 1 Ei
- 1 TL Vanillearoma
- 450 g Mehl
- 1 TL Backpulver
- 4 EL Aprikosenkonfitüre (oder nach Belieben)

SO GEHT'S

1 Heizt den Ofen auf 180 °C (Ober-/Unterhitze) vor und legt ein Backblech mit Backpapier aus.

2 Schlagt die Butter und den Zucker mit dem Handrührgerät schaumig. Rührt Ei und Vanillearoma unter. Mischt das Mehl mit Backpulver, siebt es dazu und rührt alles zu einem Teig.

3 Rollt den Teig etwa 3 mm dick aus. Stecht etwa 48 Sterne von 3–4 cm Durchmesser aus und legt sie auf das Backblech. Backt sie im Ofen in 8 Minuten goldbraun. Nehmt die Sterne aus dem Ofen und lasst sie abkühlen.

4 Rührt die Aprikosenkonfitüre glatt. Streicht die Hälfte davon in die Mitte der Hälfte der Kekse und belegt sie dann mit den restlichen Keksen. Streicht nach Belieben die restliche Konfitüre in die Mitte der fertigen Doppelkekse. Setzt die übrigen Kekse versetzt darauf und drückt sie vorsichtig an. Lasst die Sterne abkühlen.

MACH MIT!

Funkelnde Sterne überall! Hier könnt ihr euch die Förmchen schnappen und Sterne ausstechen.

1DI/DECILITER

WALNUSSTALER

mit Schokolade

FÜR 30 STÜCK

- 100 g Butter
- 100 g Zucker
- 50 ml Milch
- 1 Pck. Backpulver
- 200 g Mehl
- 150 g Zartbitterschokolade
- 50 g gehackte Walnuss-kerne

SO GEHT'S

1 Schlagt Butter und Zucker mit dem Handrührgerät schaumig. Rührt die Milch unter. Mischt Backpulver mit dem Mehl, siebt es in drei Portionen zur Butter-Zucker-Masse und rührt es unter. Raspelt ein Drittel der Schokolade grob und rührt sie zusammen mit den Walnüssen unter den Teig. Wickelt ihn in Frischhaltefolie und stellt ihn 1 Stunde kühl.

2 Heizt den Backofen auf 175 °C (Ober-/Unterhitze) vor und legt ein Backblech mit Backpapier aus. Stecht von dem Teig 30 haselnussgroße Kugeln ab und drückt diese leicht flach. Legt sie auf das Backblech und backt sie 10 Minuten im Ofen. Nehmt sie heraus und lasst sie auf einem Kuchengitter etwas abkühlen.

3 Schmelzt inzwischen die restliche Schokolade in einer Schüssel über einem heißen Wasserbad. Taucht jedes Plätzchen zur Hälfte in die Schokolade. Lasst die Plätzchen abtropfen und trocknen.

MACH MIT!

Beim Formen und Plattdrücken der Kugeln könnt ihr spitzenmäßig mithelfen!

ORANGEN-PLÄTZCHEN

FÜR 30 STÜCK

- 200 g Butter
- 120 g Zucker
- 1 Eigelb
- 1 Bio-Orange
- 120 g gemahlene Mandeln
- 250 g Mehl
- 100 g Puderzucker

SO GEHT'S

1 Schlagt die Butter und den Zucker in einer Schüssel mit dem Handrührgerät schaumig. Wascht die Orange heiß ab und reibt die Schale mit einer feinen Reibe ab. Presst den Saft aus und stellt ihn beiseite. Rührt dann zuerst das Eigelb unter die Butter, dann die Orangenschale mit den gemahlenen Mandeln und dem Mehl. Wickelt den Teig in Frischhaltefolie und stellt ihn 1 Stunde kühl.

2 Heizt den Ofen auf 175 °C (Umluft) vor und legt ein Backblech mit Backpapier aus.

3 Rollt den Teig zwischen Frischhaltefolie etwa 3 mm dick aus. Stecht mit einem mittelgroßen Ausstecher 30 weihnachtliche Motive aus. Legt die Plätzchen mit etwas Abstand auf das Backblech und backt sie im Backofen in etwa 15 Minuten goldbraun. Nehmt die Plätzchen aus dem Ofen heraus und lasst sie abkühlen.

4 Verrührt den Puderzucker mit 2 EL Orangensaft zu einem zähflüssigen Guss. Überzieht die Kekse auf einem Kuchengitter damit und dekoriert sie nach belieben mit den Orangenschalenabrieb.

MACH MIT!

Hier brauchen wir eure Hilfe als Ausstechprofis! Ob Sterne, Schneeflocken oder Herzen – ihr entscheidet!

WEIHNACHTS-TÖRTCHEN

Linzer Art

FÜR 20 STÜCK

- 140 g Butter
- 140 g Zucker
- 2 Eier
- 210 g Mehl
- 1 Msp. gemahlene Nelken
- 50 g Himbeerkonfitüre (alternativ Johannisbeerkonfitüre)

SO GEHT'S

1 Schlagt die Butter und den Zucker in einer Schüssel mit dem Handrührgerät schaumig. Trennt die Eier. Rührt die Eigelbe unter, stellt die Eiweiße beiseite. Mischt Mehl und Nelken und knetet es unter die Eigelbmasse. Wickelt den Teig in Frischhaltefolie und stellt ihn 1 Stunde kühl.

2 Heizt den Ofen auf 170 °C (Umluft) vor.

3 Stecht vom Teig 20 walnussgroße Stücke ab, formt diese zu Kugeln und legt sie auf ein Backblech. Drückt mit einem Finger ein Loch in die Mitte und füllt das Loch mit Konfitüre.

4 Verschlagt die Eiweiße und bestreicht die Törtchen damit. Backt die Törtchen im Ofen in 15 Minuten goldbraun. Nehmt sie heraus und lasst sie abkühlen.

MACH MIT!

Ihr seid heute die Mulden-drücken-und-füllen-Beauftragten!

ZIMTSTERNE

FÜR 40 STÜCK

- 500 g Puderzucker
- 1 gestrichener EL gemahlener Zimt
- 4 Eiweiß
- 500 g gemahlene Mandeln

SO GEHT'S

1 Siebt den Puderzucker in eine Schüssel und mischt ihn mit dem Zimt. Schlagt die Eiweiße sehr steif. Rührt den Zimtzucker portionsweise unter und schlagt das Ganze dann noch 10 Minuten weiter auf.

2 Nehmt von der Mischung 4 EL ab und stellt sie beiseite. Knetet den Rest mit den Mandeln zu einem Teig, rollt diesen zwischen Frischhaltefolie etwa 1 cm dick aus und lasst ihn im Kühlschrank in 2 Stunden fest werden.

3 Heizt den Backofen auf 180 °C (Umluft) vor und legt ein bis zwei Backbleche mit Backpapier aus.

4 Nehmt die Teigplatte heraus und stecht Sterne aus; taucht zwischendurch den Ausstecher immer wieder in kaltes Wasser und befreit ihn von Teigresten. Legt die Sterne auf die Backbleche und bestreicht sie mit der übrigen Eiweiß-Zucker-Mischung. Backt sie im Ofen in 15 Minuten fertig. Nehmt sie heraus und lasst sie auf einem Kuchengitter abkühlen.

MACH MIT!

Zaubere mit den Ausstechern einen richtig tollen Sternenhimmel!

ORANGENHIPPEN

mit Zimtzucker

FÜR 50 STÜCK

- 100 g Butter
- 180 g Zucker
- 1 Bio-Orange
- 1 Bio-Zitrone
- 80 g Mehl
- 1 TL gemahlener Zimt

SO GEHT'S

1 Zerlasst die Butter in einem Topf, lasst sie auf Zimmertemperatur abkühlen. Gebt 150 g Zucker dazu und schlagt die Masse mit dem Handrührgerät in 5 Minuten schaumig. Wascht die Orange und Zitrone und reibt die Schale fein ab, presst den Saft aus, rührt alles unter den Teig.

2 Siebt das Mehl darüber und rührt es mit dem Handrührgerät unter. Stellt den Teig abgedeckt über Nacht kalt. Vermischt den Zimt und den restlichen Zucker.

3 Heizt den Backofen auf 180 °C (Umluft) vor und legt zwei Backbleche mit Backpapier aus. Setzt für jedes Röllchen 1 TL Teig auf ein Backblech, verstreicht ihn zu einer leicht ovalen Form; lasst zwischen den Ovalen 5 cm Abstand. Backt die Kekse 10 Minuten, nehmt sie aus dem Ofen und lasst sie 1 Minute ruhen.

4 Dreht jeden Keks über dem Stiel eines Holzkochlöffels zu einem Röllchen ein. Bestreut ihn zum Schluss mit etwas Zimtzucker.

SCHACHBRETT-KEKSE

schwarz & weiß

FÜR FÜR 50 STÜCK

- 200 g Butter
- 120 g Zucker
- 2 Eigelb
- 350 g Mehl
- 30 g Backkakao

SO GEHT'S

1 Reibt die Butter in eine Schüssel. Gebt Zucker, Eigelbe und Mehl dazu, zerkrümelt alles mit den Fingern und knetet es zügig zu einem Teig. Halbiert die Teigmasse und knetet unter eine Hälfte den Kakao. Wickelt die Teige in Frischhaltefolie und stellt sie 1 Stunde kalt.

2 Rollt aus jedem Teigstück 9 gleich lange, fingerdicke Stränge. Legt für die erste Reihe des ersten Quaders abwechselnd 1 dunklen, 1 hellen und 1 dunklen Teigstrang aneinander. Seitlich und oben andrücken. Setzt darauf versetzt je 3 helle und 3 dunkle Stränge in zwei Reihen so, dass ein langer Quader mit Schachbrettmuster entsteht, und drückt sie an.

3 Verarbeitet die übrigen Stränge ebenso; beginnt mit 2 hellen und 1 dunklen. Wickelt beide Quader in Frischhaltefolie und lasst sie 1 Stunde durchkühlen.

4 Heizt den Backofen auf 170 °C (Ober-/Unterhitze) vor und belegt ein Blech mit Backpapier. Schneidet die Quader in etwa 5 mm dicke Scheiben und backt diese in 12 Minuten goldgelb.

MACH MIT!

Hier könnt ihr euch im Teigkneten üben!

SCHOKO-ORANGEN-KEKSE

mit Zuckerglasur

FÜR 30 STÜCK

- 120 g Butter
- 100 g Zucker
- 1 Bio-Orange
- 3 EL Backkakao
- 200 g Mehl
- 80 g Puderzucker

SO GEHT'S

1 Schlagt die Butter und den Zucker mit dem Handrührgerät schaumig. Wascht die Orange, zieht die Schale in feinen Streifen ab und legt sie beiseite. Presst 2 EL Orangensaft aus und verrührt ihn mit dem Kakaopulver. Rührt die Mischung mit dem Mehl unter die Butter-Zucker-Masse. Wickelt den Teig in Frischhaltefolie und stellt ihn 1 Stunde kühl.

2 Heizt den Ofen auf 180 °C (Umluft) vor und legt ein Backblech mit Backpapier aus. Formt den Teig zwischen Frischhaltefolie zu einer etwa 4 cm dicken Rolle, schneidet ihn in 30 etwa 3 mm dicke Stücke. Legt diese mit etwas Abstand auf das Backblech und backt sie 15 Minuten im Ofen. Lasst sie dann abkühlen.

3 Verrührt den Puderzucker mit 2 EL Wasser zu einem zähflüssigen Guss. Überzieht die Kekse auf einem Kuchengitter damit und dekoriert sie mit den Orangenschalenstreifen.

MACH MIT!

Beim Dekorieren könnt ihr prima mithelfen!

SHORTBREAD-TORTE

mit Ingwer

FÜR 1 SPRINGFORM (Ø 16 CM)

- 8 Stücke kandierter Ingwer
- 1 Bio-Zitrone
- 100 g Butter
- 80 g Zucker
- 200 g Mehl

SO GEHT'S

1 Heizt den Ofen auf 150 °C (Ober-/Unterhitze) vor und fettet die Springform mit Butter ein.

2 Hackt den Ingwer ganz fein. Wascht die Zitrone und reibt mit einer feinen Reibe die Schale ab. Verrührt den Ingwer mit Butter, Zucker, Zitronenschale und Mehl in einer Schüssel.

3 Drückt den Teig mit den Händen in die Form und stecht mit einer Gabel gleichmäßig eng ein. Backt den Teig 30 Minuten im Ofen goldbraun, danach lasst ihr die Torte in der Form abkühlen.

4 Nehmt die Torte aus der Form und schneidet sie in Stücke.

ORANGENKUCHEN

vom Blech

FÜR 1 BACKBLECH

- 2 Bio-Orangen
- 250 g Butter
- 250 g Zucker
- 4 Eier
- 250 g Mehl
- 2 EL Backpulver
- 4 EL Puderzucker

SO GEHT'S

1 Heizt den Ofen auf 170 °C vor und legt ein Backblech mit Backpapier aus.

2 Wascht die Orangen, reibt die Schale fein ab und presst den Saft aus. Schlagt die Butter mit dem Zucker in einer Schüssel mit dem Handrührgerät schaumig. Gebt nacheinander die Eier dazu und rührt sie unter. Rührt die Masse so lange weiter, bis sie aufhellt und an Volumen zunimmt.

3 Mischt die Orangenschale mit dem Mehl und 2 TL Backpulver und rührt sie unter die Eiermasse. Verstreicht den Teig auf dem Backblech und backt ihn 1 Stunde im Ofen, macht dann die Stäbchenprobe.

4 Verquirlt den Orangensaft mit dem Puderzucker. Nehmt den Kuchen aus dem Ofen und stecht die Oberfläche mit einer Gabel gleichmäßig eng ein. Gießt die Orangensaftmischung über den Kuchen und drückt sie mit einem Pinsel fest in die Teiglöcher. Lasst den Kuchen etwa 20 Minuten durchziehen.

MACH MIT!

Mischen, was das Zeug hält! Beim Mehl- und Saftvermengen könnt ihr super mithelfen.

BAUMKUCHEN

FÜR 1 SPRINGFORM (Ø 20 CM)

- 5 Eier
- 250 g Zucker
- 250 g Butter
- 250 g Weizenpuder (Supermarkt)
- 50 g gemahlene Mandeln
- 150 g Zartbitterschokolade

SO GEHT'S

1 Schaltet den Ofen auf Grillfunktion und fettet die Springform mit Butter ein.

2 Trennt die Eier und schlagt die Eiweiße mit 1 EL Zucker steif. Schlagt dann die Butter und den restlichen Zucker mit dem Handrührgerät schaumig. Rührt die Eigelbe nacheinander unter und schlagt die Masse weiter, bis sie aufhellt.

3 Mischt den Weizenpuder mit den Mandeln und zieht ihn im Wechsel mit dem Eischnee unter die Eigelbmasse. Der Teig ist sehr flüssig. Streicht 2 EL Teig auf dem Boden der Form glatt und backt ihn im Ofen in 1 Minute goldbraun. Dann streicht ihr 1 EL Teig darauf und backt ihn in etwa 40 Sekunden goldbraun. Verarbeitet den übrigen Teig genauso.

4 Lasst den Baumkuchen abkühlen. Zerlasst die Schokolade in einer Schüssel über dem Wasserbad und bestreicht den Kuchen damit.

MACH MIT!

Ihr könnt den Baumkuchen mit Walnusshälften weihnachtlich dekorieren.

WALNUSSTARTE
mit Karamell

FÜR 1 PIEFORM (Ø 25 CM)

Für den Mürbeteig
- 300 g Mehl
- 200 g Zucker
- 100 g Butter

Für den Belag
- 200 g Zucker
- 100 g Butter
- 200 g Sahne
- 200 g Walnusskerne

Außerdem
- Backerbsen zum Blindbacken

SO GEHT'S

1 Gebt das Mehl mit dem Zucker und der Butter in Stückchen in eine Schüssel. Verrührt alles mit den Knethaken des Handrührgeräts und verknetet bei Bedarf alles noch mit 1–2 EL kaltem Wasser zu einem glatten Teig.

2 Wickelt den Teig in Frischhaltefolie und lasst ihn im Kühlschrank etwa 30 Minuten ruhen.

3 Heizt den Ofen auf 190 °C (Umluft) vor und fettet die Pieform mit Butter ein. Rollt den Mürbeteig zwischen Frischhaltefolie aus, passt ihn in die Form ein und stecht ihn gleichmäßig mit einer Gabel ein. Stellt ihn dann 10 Minuten in den Gefrierschrank.

4 Belegt den Teigboden mit Backpapier und Backerbsen zum Blindbacken und backt ihn 10 Minuten vor. Für den Belag erwärmt den Zucker in einem Topf bei niedriger Hitze, bis er schmilzt. Rührt dann bei mittlerer Hitze so lange, bis der Zucker dunkel wird (Vorsicht, sehr heiß!). Zieht den Topf vom Herd. Gebt die Butter in Stückchen und die Sahne dazu und rührt sie unter.

5 Nehmt die Pieform heraus, entfernt das Backpapier mit den Backerbsen. Verteilt die Walnusskerne auf dem Tarteboden und gießt die Karamellmasse an. Backt die Tarte weitere 10 Minuten. Nehmt sie anschließend aus dem Ofen und lasst sie etwa 10 Minuten ruhen, bis die Füllung fest ist.

ZIMTSCHNECKEN

mit Zuckerglasur

FÜR 15 STÜCK

Für den Hefeteig

- 250 ml Milch
- 100 g Butter
- 80 g Zucker
- 1 Pck. Trockenhefe
- 500 g Mehl

Für die Füllung

- 100 g Butter
- 2 TL gemahlener Zimt
- 100 g Walnusskerne
- 100 g Puderzucker

SO GEHT'S

1 Erwärmt die Milch in einem Topf und zerlasst die Butter darin bei niedriger Hitze. Lasst die Mischung kurz ruhen, bis die Flüssigkeit lauwarm ist. Gebt dann Zucker und Hefe dazu und rührt sie unter. Lasst den Teig 10 Minuten gehen, bis die Hefe schäumt.

2 Gebt das Mehl in eine große Schüssel und fügt die Hefemilch hinzu. Verarbeitet alles mit den Knethaken des Handrührgeräts in 5 Minuten zu einem glatten Teig. Deckt den Teig mit Frischhaltefolie ab und lasst ihn an einem warmen Ort in etwa 2 Stunden auf das Doppelte aufgehen.

3 Heizt den Ofen auf 180 °C (Umluft) vor und legt ein Backblech mit Backpapier aus. Rollt den Teig zwischen Frischhaltefolie zu einem etwa 30 x 40 cm großen Rechteck aus. Zerlasst die Butter in einem ofenfesten Topf im aufheizenden Ofen. Verrührt die Hälfte davon mit dem Zimt und bestreicht den Teig damit. Hackt die Walnusskerne und streut sie darüber. Rollt den Teig anschließend auf und schneidet die Rolle dann in 15 Stücke.

4 Legt die Zimtschnecken mit der Schnittfläche nach oben auf das Backblech, bestreicht sie mit der restlichen Butter und backt sie im Ofen in 30 Minuten goldbraun. Nehmt sie heraus und lasst sie etwas abkühlen. Verrührt den Puderzucker mit 1 EL Wasser zu einem zähflüssigen Guss und bestreicht die abgekühlten Zimtschnecken damit.

AHORNSIRUP-KUCHEN

FÜR 1 BACKFORM (20 X 20 CM)

- 150 g Butter
- 150 g Zucker
- 2 Eier
- 300 g Schmand
- 3 EL Ahornsirup
- 300 g Mehl
- 1 TL Backpulver

SO GEHT'S

1 Den Ofen auf 180 °C vorheizen. Die quadratische Backform mit Butter einfetten.

2 Die Butter mit dem Zucker in einer Schüssel mit dem Handrührgerät schaumig schlagen. Die Eier nacheinander dazugeben und unterrühren. Den Schmand mit dem Ahornsirup glatt rühren und unter die Eiermasse rühren.

3 Das Mehl mit Backpulver mischen, zur Schmandmasse sieben und unterrühren. Den Teig in die Form füllen und im Ofen in 35 Minuten goldbraun backen. Herausnehmen und abkühlen lassen.

1/2 a cup
4 fluid

APFELTÖRTCHEN

FÜR 6 STÜCK

Für den Mürbeteig

- 300 g Mehl
- 200 g Zucker
- 100 g Butter

Für den Belag

- 4 Äpfel
- 80 g Zucker
- 2 Eigelb
- 50 g Butter
- 3 EL Puderzucker zum Bestäuben

SO GEHT'S

1 Gebt das Mehl mit dem Zucker und der Butter in Stückchen in eine Schüssel. Verrührt alles mit den Knethaken des Handrührgeräts und verknetet bei Bedarf alles noch mit 1–2 EL kaltem Wasser zu einem glatten Teig.

2 Wickelt den Teig in Frischhaltefolie und lasst ihn im Kühlschrank etwa 30 Minuten ruhen.

3 Heizt den Ofen auf 180 °C (Ober-/Unterhitze) vor und legt ein Backblech mit Backpapier aus. Rollt den Mürbeteig zwischen Frischhaltefolie etwa 3 mm dick aus, halbiert ihn längs und schneidet jede Hälfte nochmal in drei Teile. Legt die Teigstücke auf das Backblech und stecht sie mit einer Gabel schön gleichmäßig ein.

4 Schält, halbiert und entkernt die Äpfel und schneidet sie in feine Scheiben. Mischt die Scheiben mit 2 EL Zucker. Verrührt den restlichen Zucker mit den Eigelben. Bestreicht die Teigstücke gut mit der Masse. Verteilt die Apfelscheiben darauf und belegt sie mit Butter in Flöckchen. Backt die Törtchen im Ofen in 20 Minuten goldbraun. Nehmt das Blech heraus, lasst die Törtchen abkühlen und bestäubt sie mit Puderzucker.

MACH MIT!

Puderzucker-Alarm! Ihre könnt euch prima beim Bestäuben der Törtchen mit Puderzucker austoben.

BIRNENTORTE

mit Haselnusskrokant

FÜR 1 SPRINGFORM (Ø 26 CM)

Für den Rührteig
- 125 g Butter
- 125 g Zucker
- 3 Eier
- 350 g Mehl
- 100 g gemahlene Mandeln
- 1 TL Backpulver
- 50 ml Milch

Für den Belag
- 1 kg reife Birnen
- 3 EL Honig
- 250 g Sahne
- 1 Pck. Vanillezucker
- 150 g Haselnusskrokant

SO GEHT'S

1 Heizt den Ofen auf 200 °C (Ober-/Unterhitze) vor und fettet die Springform mit Butter ein.

2 Schlagt die Butter mit dem Zucker in einer großen Schüssel mit dem Handrührgerät in mehreren Minuten schaumig. Gebt die Eier nacheinander dazu und rührt sie jeweils 1 Minute unter. Schlagt die Masse so lange weiter, bis sie aufhellt.

3 Mischt das Mehl mit den Mandeln und dem Backpulver und rührt die Mischung unter die Eiermasse. Gießt die Milch dazu und rührt weiter. Füllt den Teig in die Form.

4 Wascht, viertelt und entkernt die Birnen und schneidet sie in feine Spalten. Verrührt 100 ml Wasser mit dem Honig und kocht das Ganze auf. Lasst die Birnenspalten darin bei niedriger Hitze 10 Minuten köcheln, bis sie relativ weich sind. Drückt die Birnenspalten in den Teig und beträufelt sie mit dem Sud.

5 Backt den Kuchen im Ofen 45 Minuten, dann macht die Stäbchenprobe. Nehmt den Kuchen heraus und lasst ihn etwas abkühlen, danach aus der Form lösen und vollständig abkühlen lassen.

6 Schlagt die Sahne mit dem Vanillezucker steif und streicht sie auf die Oberfläche der Torte. Bestreut die Torte mit Haselnusskrokant.

MACH MIT!

Das Dekorieren der Torte könnt ihr ganz einfach übernehmen!

Schokoladen TARTE

FÜR 1 SPRINGFORM (Ø 24 CM)

- 300 g Mehl
- 200 g Zucker
- 100 g Butter
- 300 g Zartbitterschokolade
- 80 g Zucker
- 4 Eigelb
- 2 Eier

Außerdem

- Backersben zum Blindbacken

SO GEHT'S

1 Gebt das Mehl mit dem Zucker und der Butter in Stückchen in eine Schüssel. Verrührt alles mit den Knethaken des Handrührgeräts und verknetet bei Bedarf alles noch mit 1–2 EL kaltem Wasser zu einem glatten Teig.

2 Wickelt den Teig in Frischhaltefolie und lasst ihn im Kühlschrank etwa 30 Minuten ruhen.

3 Heizt den Ofen auf 200 °C (Ober-/Unterhitze) vor und fettet die Springform mit Butter ein. Rollt den Mürbeteig zwischen Frischhaltefolie aus, passt den Teig in die Form ein und stecht ihn gleichmäßig mit einer Gabel ein. Stellt den Teig 10 Minuten in den Gefrierschrank.

4 Hackt die Schokolade grob, schmelzt sie über dem heißen Wasserbad und lasst sie dann abkühlen. Belegt den Teigboden mit Backpapier und Backerbsen und backt ihn 10 Minuten vor.

5 Rührt den Zucker mit den Eigelben und Eiern cremig. Rührt die Schokolade portionsweise unter. Nehmt die Form heraus, entfernt das Backpapier mit den Backerbsen. Gießt die Schokoladenmasse hinein und backt die Tarte weitere 20 Minuten. Nehmt sie dann aus dem Ofen heraus und lasst die Tarte 20 Minuten ruhen, bis die Füllung fest ist.

Schokoladen FONDANT

FÜR 4 STÜCK

- 100 g Zartbitterschokolade
- 50 g Butter
- 2 Eier
- 50 g Zucker
- 50 g Mehl

SO GEHT'S

1 Heizt den Ofen auf 180 °C (Ober-/Unterhitze) vor und fettet Muffin-Förmchen mit Butter ein.

2 Gebt die Schokolade und die Butter in Stückchen in eine Schüssel und zerlasst sie über einem Wasserbad. Stellt sie dann beiseite und lasst sie etwas abkühlen.

3 Schlagt die Eier und den Zucker mit dem Handrührgerät schaumig. Siebt das Mehl dazu. Rührt den Schokoladen-Butter-Mix portionsweise ein. Füllt den Teig in die Förmchen und backt sie 12 Minuten im Ofen. Nehmt sie heraus, löst den Fondant mit einem Messer aus den Formen und stürzt ihn auf Dessertteller.

Kokosnuss SCHNEEBÄLLE

FÜR 33 STÜCK

- 150 g Zucker
- 50 g Speisestärke
- 250 ml Milch
- 125 g Butter oder Kokosfett
- 200 g Kokosraspel
- 1 Pck. Vanillezucker
- 33 geschälte Mandeln

SO GEHT'S

1 Vermengt zuerst den Zucker mit der Speisestärke in einer kleinen Schüssel.

2 Erwärmt dann in einem Topf die Milch auf hoher Hitze. Sobald die Milch köchelt, mischt ihr unter ständigem Rühren die Zucker-Speisestärke-Masse unter, bis sie eine dickflüssige Konsistenz annimmt. Nehmt die Masse vom Herd.

3 Rührt die Butter in die Milch-Masse ein, bis diese komplett geschmolzen und vermengt ist. Anschließend 100 g Kokosraspeln und Vanillezucker einrühren. Stellt die Masse nun 2 Stunden in den Kühlschrank.

4 Entnehmt aus der gekühlten Masse kleine Portionen mit einem Teelöffel und formt Kugeln. Gebt in die Mitte jeweils eine Mandel. Zum Schluss wälzt ihr die Kugel in den restlichen Kokosraspeln, gebt die fertigen Pralinen in kleine Pralinen-Papierförmchen und stellt sie bis zum Servieren erneut kühl.

MACH MIT!

Es rieselt Kokosflocken! Das Wälzen der Kugeln in den Kokosflocken könnt ihr übernehmen.

BRATÄPFEL
mit Zimtsahne

FÜR 4 STÜCK

- 150 g Dominosteine
- 4 Äpfel
- 100 g Sahne
- 1 EL Zucker
- ½ TL gemahlener Zimt
- 4 Kugeln Vanilleeis

SO GEHT'S

1 Heizt den Ofen auf 200 °C (Ober-/Unterhitze) vor.

2 Schneidet die Dominosteine bis auf 4 Stück klein. Wascht die Äpfel, befreit sie großzügig vom Kerngehäuse und füllt die Dominosteine hinein.

3 Setzt die Äpfel auf ein mit Backpapier ausgelegtes Backblech und backt die Bratäpfel für 20 Minuten.

4 Schlagt die Sahne mit Zucker und Zimt in einer Schüssel steif und richtet die fertig gebackenen Bratäpfel mit je 1 Kugel Vanilleeis, 1 Dominostein und der Zimtsahne an.

MACH MIT!

Ihr könnt eurer Kreativität beim Anrichten freien Lauf lassen und herumexperimentieren.

CLAFOUTIS
mit Kirschen

FÜR 1 SPRINGFORM (Ø 26 CM)

- 400 g Kirschen (oder aus dem Glas)
- 1 Pck. Vanillezucker
- 45 g Weizenmehl
- 40 g Speisestärke
- 4 EL Rohrzucker
- Salz
- 180 ml Milch
- 2 Eier

SO GEHT'S

1 Heizt den Ofen auf 200 °C (Ober-/Unterhitze) vor und fettet die Springform mit etwas Butter ein.

2 Wascht und entsteint die Kirschen (oder lasst sie abtropfen). Bestäubt die Kirschen mit Vanillezucker und gebt sie in die Backform.

3 Vermischt Mehl, Speisestärke, Rohrzucker und 1 Prise Salz in einer Schüssel. Gebt nach und nach Milch und Eier zur Mehlmischung und verrührt alles mit dem Handrührgerät. Verteilt den Teig auf den Kirschen.

4 Backt den Clafoutis etwa 30 Minuten, bis der Teig fest ist. Nehmt ihn aus dem Backofen und lasst ihn abkühlen.

PFLAUMEN-CRUMBLE

mit süßer Sahne

FÜR 6 PORTIONEN

Für den Streuselteig
- 150 g Butter
- 250 g Mehl
- 150 g Zucker
- 50 g gemahlene Mandeln

Für die Füllung
- 1 Bio-Orange
- 800 g Pflaumen (alternativ Zwetschgen)
- 3 EL Zucker
- 1 Msp. gemahlene Muskatnuss
- 250 g Sahne

SO GEHT'S

1 Schneidet die Butter in Stückchen. Gebt die Butterstückchen mit dem Mehl in eine Schüssel und reibt beides mit den Fingern krümelig. Rührt dann die restlichen Zutaten für den Teig unter.

2 Heizt den Ofen auf 200 °C (Ober-/Unterhitze) vor. Wascht die Orange, reibt die Schale fein ab und presst den Saft aus.

3 Wascht, halbiert und entsteint die Pflaumen und mischt sie mit dem Zucker in einer Schüssel. Gebt die Orangenschale, den Orangensaft und Muskat dazu und verrührt alles mit den Pflaumen. Schichtet die Pflaumen in eine Auflaufform (Inhalt 1,5–2 l) und streut den Streuselteig darüber.

4 Backt den Crumble im Ofen 40 Minuten, danach lasst ihr ihn 10 Minuten bei Zimmertemperatur ruhen. Inzwischen könnt ihr die Sahne steif schlagen und extra zum noch warmen Pflaumencrumble servieren.

MACH MIT!

Krümel-Monster sind hier gefragt. Hände waschen und auf geht's!

MADELEINES

FÜR 12 STÜCK

- 80 g Butter
- 80 g Zucker
- 2 Eier
- 1 Bio-Zitrone
- 150 g Mehl
- ½ TL Backpulver

SO GEHT'S

1 Heizt den Ofen auf 180 °C (Umluft) vor und fettet eine Madeleineform großzügig mit Butter ein.

2 Schlagt die Butter mit Zucker in einer Schüssel mit dem Handrührgerät schaumig. Gebt die Eier nacheinander dazu und rührt sie unter.

3 Wascht die Zitrone und reibt die Schale an. Mischt das Mehl mit Backpulver und der Zitronenschale und rührt es unter die Eiermasse. Füllt den Teig in die Vertiefungen der Form und backt ihn im Ofen in 15 Minuten goldbraun. Lasst ihn kurz abkühlen und löst ihn dann gleich aus der Form. Am besten schmecken die Madeleines noch warm.

IMPRESSUM

Bibliografische Information der Deutschen Bibliothek.

Die Deutsche Bibliothek verzeichnet diese Publikation in der Deutschen Nationalbibliografie.

Detaillierte bibliografische Daten sind im Internet über http://www.dnb.de/ abrufbar.

EIN BUCH DER EDITION MICHAEL FISCHER

2. Auflage 2021

Covergestaltung: Emilia Ruppel

Satz: Michaela Zander

Projektleitung und Lektorat: Carina Baier

Bilder: alle Claudia Timmann, außer: S. 4: ©casanisa/Shutterstock; S. 7: ©Tatiana Bralnina/Shutterstock; S. 8: ©Syva Kateryna/Shutterstock; S. 10: ©baibaz/Shutterstock; S. 55: Sara Plavic, Zürich; S. 57, 59: Sabrina Sue Daniels, Frankfurt a. M.

Rezepte: alle Gabriele Gugetzer außer: S. 54: Sara Plavic, S. 56: Rose Marie Donhauser, S. 58: erdbär GmbH

ISBN 978-3-7459-0744-5

Gedruckt bei Polygraf Print, Čapajevova 44, 08001 Prešov, Slowakei

www.emf-verlag.de